So arbeite ich mit der Schreibtabelle:

Piri 1

erarbeitet von
Cornelia Donth-Schäffer
Gisela Hundertmark
Andreas Landwehr

unter Beratung von
Bettina Ackermann
Brigitta Doering
Mona Hobelmann
Melanie Rabe
Katja Walkenhorst
Juliane Wilke

Ernst Klett Verlag
Stuttgart • Leipzig

"Hallo, ich bin Piri, das schlaue Wiesel. Ich begleite dich durch dieses Buch."

Vor den Aufgaben findest du folgende Piktogramme:

- schreiben
- malen
- einkreisen
- Könige markieren
- sprechen
- schwingen
- hören
- mit der Schreibtabelle schreiben
- suchen
- lesen

S. 68　Verweis zum Lesetext

Inhalt

Üben 4
Silben schwingen · Gleiche Anlaute erkennen ·
Mit der Schreibtabelle schreiben · Könige markieren

Ich mag 8
Buchstabenlehrgang M m, A a, L l, E e, O o, R r, S s, T t
Lesen · Tipp · Üben

Lesen und schreiben 26
Buchstabenlehrgang N n, Ei ei, U u, B b, Ch -ch, I i, F f, K k
Lesen · Tipp · 🧰 Üben

Wünschen und träumen 46
Buchstabenlehrgang Sch sch, Au au, W w, Ü ü, D d, J j
Lesen · Tipp · 🧰 Üben

Reise in die Welt 64
Buchstabenlehrgang P p, G g, Ö ö, Y y, Eu eu, -ß
Lesen · Tipp · 🧰 Üben

Fühlen und beschreiben 82
Buchstabenlehrgang -ie, -ng, Pf pf, H h, Z z, -ck, St st, Sp sp
Lesen · Tipp · 🧰 Üben

Geschichten und Märchen 102
Buchstabenlehrgang Ä ä, X x, Qu qu, V v, C c, -tz
Lesen · Tipp · 🧰 Üben

Das Jahr 120

🧰 Wörterliste 138

Leselexikon 140

Quellenverzeichnis 142

ÜBEN

Silben schwingen

❶  Sprich und schwinge.

❷  Sortiere.

– Wörter in Silben gliedern
– Wörter nach Anzahl der Silben sortieren

Gleiche Anlaute erkennen

❶ 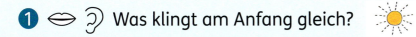 Was klingt am Anfang gleich?

❷ Was klingt am Anfang gleich?

– Bilder mit gleichen Anlauten suchen

ÜBEN

Mit der Schreibtabelle schreiben

❶ 👁 📋 Suche die Bilder.

❷ 👁 📋 Was fehlt?

L l 	F f ✒	G g 🍴
M m	Sch sch ✂	D d
H h 👖	Z z	B b 🌳

 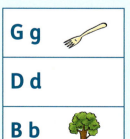 

O o U u Au au

6 – die Schreibtabelle kennenlernen

Könige markieren

1 👂 Welchen König hörst du?

2 ⌣ ✏️ 👑✏️ Schwinge und schreibe Namen. Markiere die Könige.

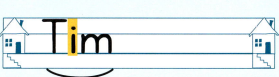

– Könige (Selbstlaute, Umlaute und Zwielaute) kennenlernen
– erkennen, dass jede Silbe einen König hat

Ich mag

– themen- und situationsbezogenen Wortschatz anwenden
– über Familie, Freunde, Hobbys sprechen

– zum Piri-Comic erzählen
– Ideen für eigene Kisten sammeln

M m

– Piri im Bild suchen
– Gegenstände und Namen mit A und M im Anlaut suchen

– zu Personen, Gegenständen, Tätigkeiten und Regeln in der Klasse erzählen

L l mag

Lale mag Ele.
Alma mag Mama.

– das Ganzwort „mag" kennenlernen

Alle malen.
Maro malt ein Lamm.
Ella mag Piri.
Ole mag Musik.

– sich zu eigenen Vorlieben äußern
– eigene Bilder malen

R r

Maro mag Oma.
Lea mag Roller.

– Fahrzeuge malen und dazu schreiben

S s  ist

Oma ist am Tor.
Sara ist am Tor.
Sara mag Otto.
Ottos Tor ist toll.

– das Ganzwort „ist" kennenlernen
– in Partnerarbeit eigene Suchaufgaben stellen (Wo ist Alma?...)

Maro ist im Tor.
Oma ist mit Sara am Tor.
Saras Hose ist rosa.
Wo ist Sara?

– Situationen und Regeln beim Fußball besprechen

Piri mag

Lotta

Sommer

Roller

Torte

Rosen

Tomatensalat

18
– zu Bildern erzählen
– weitere Piri-mag-Szenen malen und dazu schreiben

Guten Tag

Guten Tag,
guten Tag,
guten Tag.

Warum so oft?

Weil ich dich mag!

Georg Bydlinski

– das Gedicht vortragen
– mit verteilten Rollen lesen und spielen

# Elmar

Es war einmal eine Elefantenherde:
Junge Elefanten, alte Elefanten,
große, dicke und dünne Elefanten,
alle elefantenfarben.
5 Nur Elmar nicht.

– das Kinderbuch kennenlernen
– schreiben und malen: Elmar ist rot ...

Elmar war ganz anders.
Elmar war buntscheckig.
Elmar war gelb
und orange
und rot
und rosa
und lila
und blau
und grün
und schwarz
und weiß.
Elmar war überhaupt nicht elefantenfarben.

Am Elmar-Tag verkleiden sich alle Elefanten
und malen sich bunt an.

David McKee

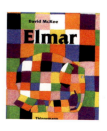

– Leseauftrag lösen (siehe S. 25)
– Elefanten gestalten

TIPP

So schreibe ich in mein Heft

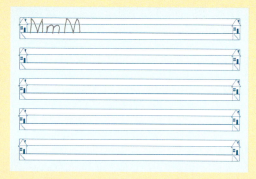

1. Das ist mein neues Heft.

2. Ich schreibe von links nach rechts.

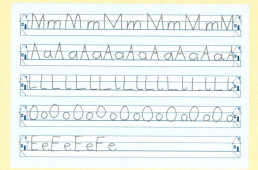

3. Wenn die Zeile voll ist, schreibe ich wieder von links nach rechts.

4. Ich schreibe von oben nach unten.

5. Wenn beide Seiten voll sind, blättere ich um.

6. Oben links geht es weiter.

– Grundlagen der Heftführung kennenlernen (Methodenkompetenz)

ÜBEN

Wörter schreiben

❶ ✏️ Schreibe die Silben auf Karten.

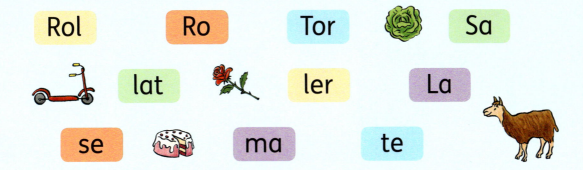

❷ Lege.

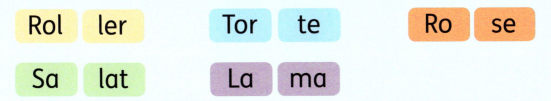

❸ 👄 〰️ Sprich und schwinge.

❹ ✏️🖍️ Schreibe und male dazu.

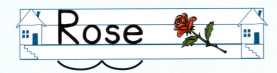

❺ 👑✏️ Markiere die Könige.

– Silben zusammensetzen
– Wörter aus Aufgabe 2 schreiben und Könige markieren

23

ÜBEN

Was wir mögen

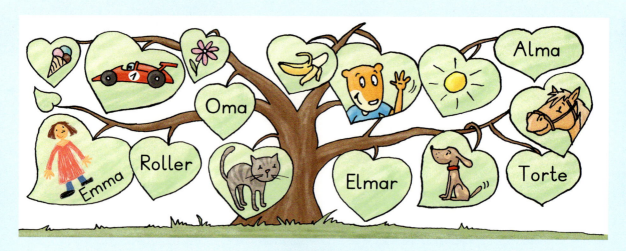

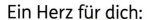
Ein Herz für dich:

1. Nimm ein Blatt Papier.

2. Falte es in der Mitte.

3. Male ein halbes Herz.

4. Schneide es aus.

– die Bastelanleitung verstehen und umsetzen

Spaß mit Elmar

1 ✏ Suche das Wort Elmar. Mache jedes Mal einen Strich.
Kannst du schon zählen? ◁ S. 20/21

Elmar ||

Es sind 7 Elmar.

Ein Elmar-Licht ist toll.

Du brauchst:
ein Glas
buntes Transparentpapier
eine Schere
Kleber
ein Teelicht

– im Lesetext das Wort „Elmar" suchen und zählen
– die Bastelanleitung verstehen und umsetzen

Lesen und schreiben

26
– themen- und situationsbezogenen Wortschatz anwenden
– Situationen nennen, in denen geschrieben oder gelesen wird

– zum Piri-Comic erzählen

N n  und

Alle lesen und malen.
Maro soll ein Eis malen.
Nena malt Elmar.
Oma und Lotta lesen eine Seite.

– das Ganzwort „und" kennenlernen
– von der eigenen Familie und dem eigenen Zuhause erzählen

Papa will Reis mit To**ma**ten
und Sal**bei** ko**ch**en.

Papa liest das Rezept im Kochbuch.
Mama liest Lukas aus einem Buch mit Geistern vor.

– über Rollenverhalten sprechen
– „Salbei" im Leselexikon nachschlagen (siehe S. 140/141)

29

Piri

Urmel lernt lesen.
Urmel und Piri lesen: Ball.
Ein bunter Ball.
Urmel murmelt: Nein.

– das Ganzwort „Piri" kennenlernen
– das Kinderbuch kennenlernen

B b

Die anderen Tiere wollen heute nicht lernen.
Sie wollen lieber baden.

🦁 Wawa und Ping suchen eine schöne Muschel.
Schusch besucht seinen Freund,
den Seele-Fant.
Wutz ist in der Küche
und backt für alle einen Kuchen.

– über Bücher und Filme sprechen
– eine Geheimsprache verstehen (Laute tauschen)

Ch -ch

Alle basteln ein Ich-Buch.
Alle malen sich.
Christina malt und lacht:
„Ich bin im Bach."
Alma sucht ein lila Blatt.

32   – eigene Ich-Bücher gestalten und vorstellen

Christinas Ich-Buch ist fertig.
Sie freut sich auf Mittwoch.

Am Mittwoch ist Vorlesestunde.
Dann dürfen alle ihr Ich-Buch vorstellen.

F f

Annikas Fotos

Annika ist noch klein.

Annika macht Musik.

Annikas Klasse

Faruk und Annika toben.
Annika lacht und Faruk ...

K k

Annika kommt aus dem Kino.
Sie hat einen Film
mit einem kleinen Kater gesehen.

Annika ist fröhlich.
Sie fährt
in den Ferien
nach Frankfurt.

Ich mache ein Foto mit meiner Kamera.

Unsinn

Sina, Mesut und Ben
malen Unsinn.
Sina malt ein Ufo
mit Armen und Beinen.
Ben malt einen Elefanten
mit einer roten Sonnenbrille.
Mesut malt einen rosa Esel.
Mesut lacht.

– eigene Unsinn-Bilder malen und dazu schreiben
– „Ufo" im Leselexikon nachschlagen (siehe S. 140/141)

Eine Reise

Sofina, Kimara und Burak
reisen mit einem Boot.
Burak ruft:
„Eine einsame Insel ist in Sicht!"
5 Es kommt ein Orkan.
Sofina und Burak fallen ins Meer.
Es ist kalt.
Kimara rettet Sofina und Burak.
Alle kommen ans Ufer.
10 Aber „Ali Baba" ist fort.
Und nun?

– die Geschichte fortsetzen

Ein Hase, der gern Bücher las

Ein Hase, der gern Bücher las,
fand ein dickes Buch im Gras.
Er setzte sich ins Gras und las
das dicke Buch, in dem stand das:
Ein Hase, der gern ...

Josef Guggenmos

– das Gedicht vortragen

Lieblingsbücher

Maria mag das Buch mit Monstern.
Oskar findet Märchen toll.
Suna interessiert sich für Tiere.
Laila liest am liebsten Krimis.
Ilkan mag Bücher über Flugzeuge.

– Lieblingsbücher vorstellen

Der Löwe, der nicht schreiben konnte

Der Löwe konnte nicht schreiben.
Aber das störte den Löwen nicht,
denn der Löwe konnte brüllen
und Zähne zeigen.
5 Und mehr brauchte der Löwe nicht.

Eines Tages traf er eine Löwin.
Die Löwin las in einem Buch
und war sehr schön.
Der Löwe ging los und wollte sie küssen.
10 Aber dann blieb er stehen und dachte nach.
Eine Löwin, die liest, ist eine Dame.
Und einer Dame schreibt man Briefe.
Bevor man sie küsst.

Aber der Löwe konnte nicht schreiben.
15 Also ging er zu dem Affen und sagte:
„Schreib du mir einen Brief für die Löwin."

Der Affe schrieb:
Liebste Freundin,
wollen Sie mit mir
20 auf die Bäume klettern?
Ich hab auch Bananen.
Total lecker!
Gruß Löwe.

– das Kinderbuch kennenlernen

„Aber neiiiiiin!", brüllte der Löwe.
25 „So etwas hätte ich doch nie geschrieben!"
Und der Löwe zerriss den Brief.

Dann ging er hinunter zum Fluss.
Dort musste das Nilpferd einen neuen Brief schreiben.

Das Nilpferd schrieb:
30 Liebste Freundin,
wollen Sie mit mir im Fluss schwimmen
und nach Algen tauchen?
Total lecker!
Gruß Löwe.

35 „Aber neiiiiiin!", brüllte der Löwe.
„So etwas hätte ich
doch nie geschrieben!"

Martin Baltscheit

– die Geschichte fortsetzen

TIPP

So schreibe ich Wörter ab

1. Ich lese das Wort.

2. Ich spreche das Wort deutlich.

3. Ich spreche das Wort in Silben und schwinge die Silben mit dem Finger.

4. Ich decke das Wort ab.

5. Ich schreibe das Wort auswendig auf.

6. Ich überprüfe, ob ich alles richtig geschrieben habe.

– Lernwörter üben (Methodenkompetenz)

Wörter schreiben

1 Schwinge und schreibe Piris Wörter auf.
Markiere die Könige.

Name	Eimer	eine	unter
bunt	aber	Buch	suchen
ich	rufen	fein	Klasse
kommen	alle	nicht	

2 Schwinge und schreibe.
Markiere die Könige.

Sonne   Mantel   lesen   Foto   mit

3 Schwinge und schreibe.
Markiere die Könige.

   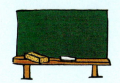

– Lernwörter schreiben (schwingen, schreiben und Könige markieren)
– Wörter mit der Schreibtabelle schreiben

43

ÜBEN

Wir machen Bücher

44 – die Anleitung verstehen und umsetzen

ÜBEN

– selbst gestaltete Bücher vorstellen

45

Wünschen und träumen

46
– themen- und situationsbezogenen Wortschatz anwenden
– von eigenen Wünschen und Träumen erzählen

– zum Piri-Comic erzählen und schreiben

Sch sch

Lottas Traum

Lotta soll schreiben.
Aber Lotta schaut raus.
Auf einmal erscheint
in Lottas Traum ein Monster.

Na, Lotta.
Lust auf Lutscher?

Nein.
Keine Lutscher, bitte.

Nur keine Furcht, Kleine.
Lust auf Eis?

Kein Eis!

Schoko-Eis!

Nun reicht es Lotta aber.
Lotta ist sauer.

48   – den Text mit verteilten Rollen lesen und spielen
– über Neinsagen und Angst- bzw. Muterfahrungen sprechen

Au au

So ein olles Monster!
Es ist laut,
es schnauft,
es sabbert.

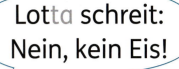

Lotta schreit:
Nein, kein Eis!

Au, au, au!
Nicht so laut!

Nun ist Schluss,
altes Monster!

Auf einmal ist das Monster klein.
Nun kann Lotta schreiben.

Buh!

Ein Monster macht Witze,
das finden alle spitze.
Ein Monster hüpft herum,
da gucken alle dumm.
Ein Monster macht Buh
und alle legen sich zur Ruh.
Ein Monster macht Krach,
da werden alle wieder wach!

– Monster beschreiben und dazu erzählen
– Monsterreime erfinden und dazu malen

49

W w

Ein Wunsch ist frei

Es ist Nacht.
Maro ist in seinem warmen Bett.
Er will schlafen.
Auf einmal ist eine kleine Fee
5 auf seinem Kissen.
Maro ruft: „Nanu! Ist das ein Traum?"
„Ich bin eine Fee", meint Maros Besuch.
„Mein Name ist Elani. Nenne mir einen Wunsch!"
Ach, Maro wünscht sich allerlei:
10 Bücher, ein Auto, ein Roller, eine Trommel,
Müsli, eine Lok ...
Er wünscht sich eine Trommel.

„Wach auf, Maro!", ruft Lukas.
Elani ist fort.
15 Aber auf Maros Bett ist eine Trommel.

50   – über materielle und ideelle Wünsche sprechen

Maro will besser trommeln.
Also übt er oft auf seiner Trommel.
Es ist nicht immer leicht für Maro.

Lotta will schneller lesen.
20 Manches kann Lotta schon lesen,
manches noch nicht.
Mama übt oft mit Lotta.

Üben macht mich fit und schlau!

🦁 Maros Vater will
ein gesundes Frühstück machen.
25 Er bereitet ein süßes Früchtemüsli zu.

– über die Bedeutung des Übens sprechen

51

D d

Im Weltall

Der erste Mensch
auf dem Mond
war Neil Armstrong.
Er war Astronaut.
5 Mit einer Rakete
durfte er im Juli 1969
ins Weltall düsen.

Neil Armstrong

Man nennt das Weltall
auch den Kosmos.
10 Im Weltall ist alles schwerelos.
Im Raumschiff schwebt alles.
Darum muss sich jeder
Astronaut anbinden,
wenn er schlafen will.

15 Bei einem Spaziergang im Weltall
müssen Astronauten
ein Mikrofon benutzen,
wenn sie miteinander reden.

– den Namen Neil Armstrong und die Jahreszahl 1969 richtig aussprechen
– über das Weltall und Astronauten sprechen

 **J j**

Thomas Reiter ist
20 ein deutscher Astronaut.
Er war fast ein halbes Jahr
im Weltall.
Dort lebte er
mit anderen Astronauten
25 in einem Raumschiff.

Thomas Reiter

Sonne Merkur Venus Erde Mars Jupiter Saturn Uranus Neptun

Keiner weiß,
wo das Weltall zu Ende ist.
Es ist über 20 Milliarden Jahre alt.

Ich muss mal. Was mache ich nun?

– Suchaufträge zu den Planeten stellen (Welcher Planet hat ein u? Welcher Planet ist am größten?)
– eine Rakete basteln (siehe S. 63)

53

Traumreise

Es ist leise. Keiner lacht.
Maro lauscht.
Musik ist im Klassenraum, leise Musik.
Frau Sauer macht mit der Klasse
5 eine Traumreise.
Ole ist in seinem Traum
auf einer Insel im blauen Meer.
Alma ist mit Oma im Laden.
Oma kauft Lutscher, rosa Lutscher,
10 rote und blaue ...
Maro baut mit Lukas einen Turm.
„Wacht auf", flüstert Frau Sauer.
Alle werden wach.

Nur Nenas Augen sind noch geschlossen.
15 Nena hört noch die Musik von der CD
und träumt weiter.
Sie sitzt im Sattel und reitet.

54   – eine Traumreise durchführen

Wunschberufe

Lotta will Astronautin werden
und in das Weltall düsen.

Leon will Fleischer werden,
weil er dann immer Wurst essen kann.

Alma will Malerin werden
und tolle bunte Bilder malen.

Otto will im Büro arbeiten.
Das macht seine Mutter auch.

Faruk findet es schlecht,
wenn Kinder schubsen.
Er will einmal Richter werden.

Jonas und Lale finden schnelle Autos toll.
Lale will Autos bauen
und Jonas möchte Autorennen fahren.

*Ene, mene, schnuchen,
werde nun ein Kuchen.*

– über Berufe und Berufswünsche sprechen

Das ist mein Jo-Jo

Tim wundert sich. Sein Jo-Jo ist nicht da.
Er sucht sein Jo-Jo auf dem Boden,
auf dem Tisch und unter dem Tisch,
aber er findet es nicht.
5 „Mist!", denkt er und rennt auf den Flur.
Dort tut Jakob etwas in seine Brotdose.
Was war das? Etwa sein Jo-Jo?
„Das ist mein Jo-Jo, Jakob!", ruft Tim sofort.
„Das ist nicht dein Jo-Jo, sondern meins!",
10 schreit Jakob und rast los.
Tim rennt Jakob nach.
„Das ist meins!", brüllt er laut.
Tim schubst Jakob.
Da ruft ein Kind: „Ist das dein Jo-Jo, Tim?"

- die Geschichte nachspielen
- einen eigenen Schluss finden

Stinktier-Gedicht

Ein Stinktier will ich heute sein!
Ich stink herum und fühl mich fein.

Die Dusche hab ich zugeklebt,
das Wasser hab ich abgedreht.

Die Seife habe ich verschenkt.
Das Handtuch hab ich abgehängt.

Die Bürste habe ich zerbrochen
und bin ins Bett zurückgekrochen.

Jetzt stink ich leise vor mich hin
wie eine Stinke-Königin.

Sylvia von Keyserling

– Reimwörter nennen und das Gedicht mit Betonung vortragen
– über Hygiene sprechen

Am See

Simon ist mit seinen Eltern am See.
Seine Eltern wollen mit Simon
schwimmen oder wandern,
aber er will das alles nicht.
Er denkt: „Immer bin ich allein
mit meinen Eltern.
Mit Kindern ist alles besser.“

Simon träumt vor sich hin:
Wenn ich einen Bruder
oder eine Schwester hätte,
das wäre schön.

 – sich in Simons Situation hineinversetzen

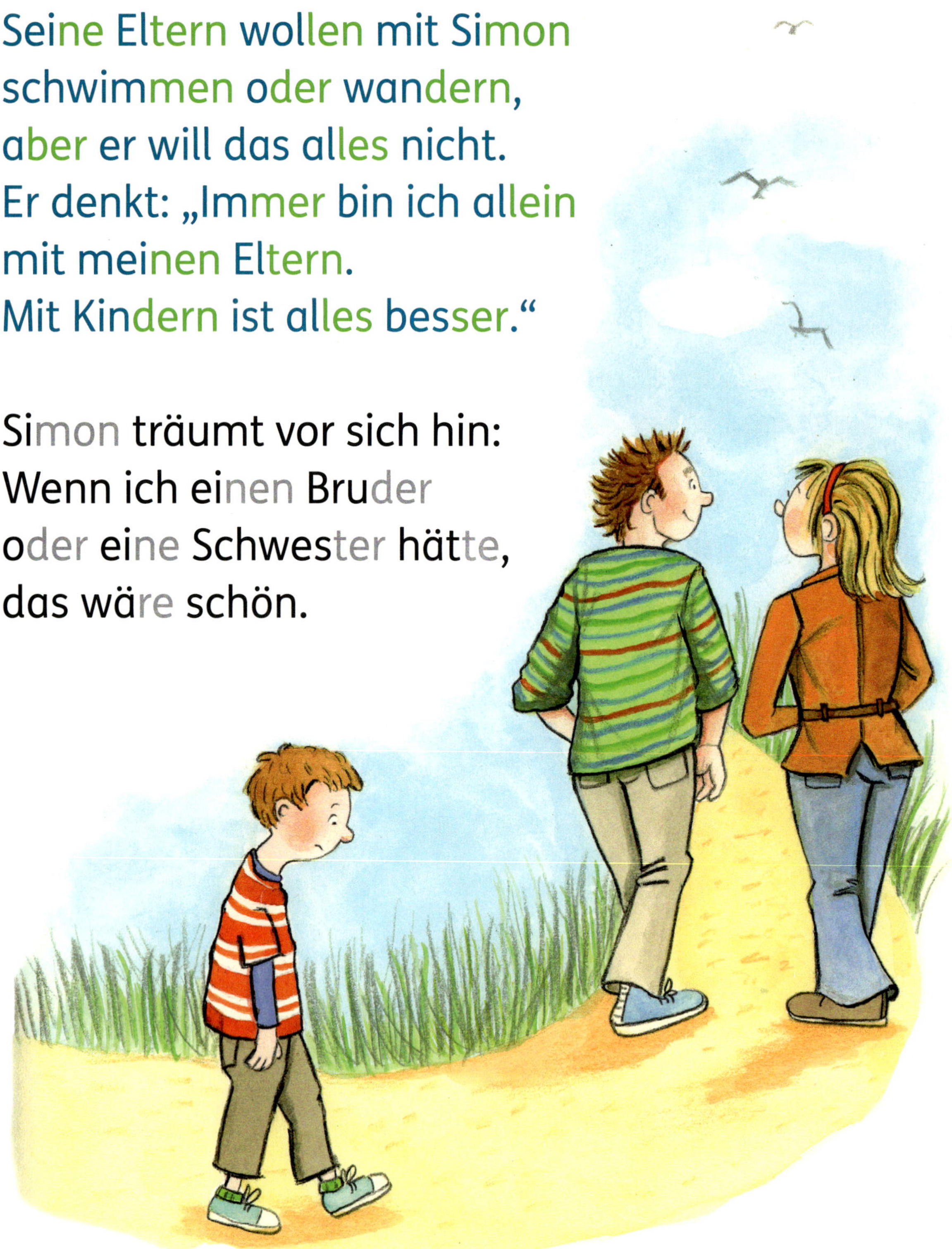

Dann wäre da jemand,
der mit mir spielt,

der mit mir zum Kiosk geht,

15 mit dem ich tauchen kann,

dem ich etwas vorlesen kann,

mit dem es immer spannend ist
und dem ich alles sagen kann.

Am Nachmittag kommt Familie Slawik
20 mit ihren Kindern Marek und Olga
an den See.
Simon läuft gleich zu ihnen
und will mit den beiden spielen.
„Ja, gern", sagt Olga.
25 „Mit meinem Bruder
kann ich nämlich nie spielen.
Der findet alles blöd,
was ich machen will."

– über eigene Erfahrungen mit Familie und Freunden sprechen

TIPP

So verhalte ich mich in der Schule

1. Alle sind leise.

2. Manchmal darf ich leise mit einem anderen Kind reden.

3. Ich höre zu, wenn andere reden.

4. Ich lasse andere ausreden.

5. Ich achte auf andere Kinder.

Was wünschst du dir für deine Klasse?

Keiner soll schubsen …

nett sein

– Gesprächs- und Verhaltensregeln kennenlernen (Sozialkompetenz)
– Regeln für die Klasse entwickeln

ÜBEN

Wörter schreiben

1 Schwinge und schreibe Piris Wörter auf. Markiere die Könige.

Schule schreiben Auto und

wünschen laufen müssen wollen

Wort üben Erde dunkel jeder

2 Was gehört zusammen? Schreibe.

ein Bauch – drei Bäuche

ein Bauch
ein Traum drei Träume
ein Baum drei Läuse
eine Maus drei Bäuche
eine Laus drei Mäuse
    drei Bäume

3 Kreise au und äu ein.

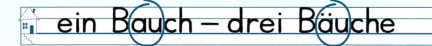

– Lernwörter schreiben (schwingen, schreiben und Könige markieren)
– Mehrzahlwörter mit äu zuordnen

ÜBEN

Alle suchen

Wo ist Mesuts Jo-Jo?
Wo ist Klaras Schlüssel?
Wo ist Toms Ball?
Wo ist Sinas Dose?

❶ Schreibe.

auf der Bank   in der Tasche

unter dem Tisch   neben dem Eimer

Mesuts Jo-Jo ist auf der Bank.
Klaras Schlüssel ist ...

❷ Schreibe eigene Fragen auf.

– Fragen mithilfe der Präpositionen beantworten
– eigene Suchaufträge stellen

Wir basteln eine Rakete

Du brauchst:

1. Schneide und klebe.

2. Beklebe deine Rolle.

3. Schneide einen Kreis aus.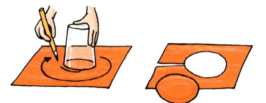

4. Schneide bis zur Mitte.
   Schiebe die Ecken übereinander,
   bis du eine Spitze hast,
   die auf die Rolle passt.
   Klebe beide Enden aufeinander.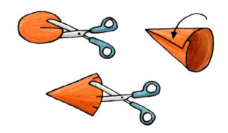

5. Klebe die Spitze oben auf deine Rolle.

Deine Rakete ist nun startklar.

– die Bastelanleitung verstehen und umsetzen
– eine Raketengeschichte schreiben

Reise in die Welt

64 – themen- und situationsbezogenen Wortschatz anwenden
– über die Herkunft der Kinder in der eigenen Klasse sprechen

– zum Piri-Comic erzählen und schreiben

P p

Aus der Türkei

Maros Opa und Maros Oma
sind in der Türkei.
Nun ist eine Postkarte da.
Maro kann schon lesen,
5 was Opa schreibt.

 Lieber Maro,
wir machen Urlaub
in der Türkei.
Alles ist prima.
Das Wetter ist gut und
das Meer ist richtig warm.   An
Das Essen ist auch super.   Maro Pichler
Morgen wollen wir auf   Parkweg 11
einen Berg klettern.   37647 Polle
                       Deutschland
Bis bald!
Dein Opa und deine Omi

66   – von anderen Ländern erzählen
     – eine Postkarte basteln (siehe S. 81)

G g

Maro trifft Tülin.
Tülins Eltern kommen aus der Türkei.
Tülin war auch schon einmal da.
„Ist das Essen in der Türkei wirklich so gut?",
10 fragt Maro.
Tülin antwortet:
„Ja! Besuche mich morgen.
Dann grillt mein Papa im Garten.
Es gibt auch Gemüse, Salat und Jogurt."

15 Tülin sagt: „Alles schmeckt gut.
Besonders gern mag ich
Jogurtsoße mit Gurken und Fladenbrot."

Tülin bringt Maro türkische Wörter bei.
Hallo	heißt	merhaba
Auf Wiedersehen	heißt	güle güle
Danke	heißt	teşekkürler

– über Gerichte aus anderen Ländern sprechen
– Wörter aus einer anderen Sprache kennenlernen

Kinder aus aller Welt

Koree!
Mein Name ist Mukama.
Ich komme aus Namibia in Afrika.
Afrika ist das Königreich
der Löwen und Elefanten.
Bei uns regnet es selten.

你好 Ni hao!
Mein Name ist Sun.
Ich komme aus China.
Mit meiner Familie lebe ich
in einem Dorf.
Wir essen jeden Tag Reis.
Den Reis essen wir aber nicht
mit Löffeln oder Gabeln.

Meine Familie hat
ein kleines Reisfeld.
Reis braucht viel Wasser.

– sich in Steckbriefen vorstellen
– Länder und Kontinente auf einer Weltkarte suchen

Y y

Привет! Priwét!
Mein Name ist Lydia.
Ich komme aus Moskau
in Russland.
Mein Teddy ist immer bei mir.

Wir mögen Piroggen.
Das sind gefüllte Teigtaschen.
Ich mache gern Gymnastik.

Good day!
Mein Name ist Timmy.
Ich komme aus Australien.
Wir leben in einer einsamen
Gegend auf einer Farm.
Mein Opa macht tolle Musik
auf einer besonderen Flöte.
Das möchte ich auch lernen.

Ich mache gern Yoga.

🦊 Ein typischer Baum in Australien
ist der Eukalyptusbaum.
Koalas fressen seine Blätter.

– Leserätsel lösen (siehe S. 80)
– „Yak", „Yoga" und „Eukalyptusbaum" im Leselexikon nachschlagen (siehe S. 140/141)

69

Samir, der neue Schüler

Samir ist neu in der Klasse.
Er kommt aus Indien.
Seit neun Tagen ist er in Deutschland.
Samir ist in der Pause allein.
5 „So ein blöder Tag", denkt er.
„Alle meine Freunde sind weit weg."
„Na, Samir", sagt Sara.
„Fußball?", fragt Sara.
Samir sagt leise: „Fußball."

10 Scheu schaut Samir Sara an.
„Alles klar, Leute!", ruft Sara.
„Samir macht mit!"

70 – über Gefühle wie Fremdsein und Alleinsein sprechen
– über Möglichkeiten der Integration sprechen

Samir trinkt gern Lassi.
Das ist ein Jogurttrunk.
15 Lassi erfrischt prima und ist gut
gegen großen Durst.
Mit Obst wird Lassi süß.
Samir mag gern
weißen Kokosmilch-Lassi.
20 Maro und Lotta mögen
rosa Erdbeer-Lassi.

Ein Rezept für süßen Lassi:
4 EL Zucker
1/4 Liter kaltes Wasser
500 g Jogurt

Mische Jogurt, Wasser und Zucker.
Rühre so lange,
bis alles schaumig ist.
Gib nun einige Eiswürfel dazu.

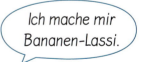

Ich mache mir Bananen-Lassi.

– das Rezept verstehen und umsetzen
– weitere Rezepte mitbringen

Zungenbrecher

Pippis Papagei plappert papperlapapp,
papperlapapp plappert Pippis Papagei.

Kater Karlo knabbert Kuchenkrümel,
Kuchenkrümel knabbert Kater Karlo.

Scheue Eulen schnarchen schaurig schön,
schaurig schön schnarchen scheue Eulen.

Gregors Ganter grübelt gern,
gern grübelt Gregors Ganter.

Mollige Monster mögen muffigen Müll,
muffigen Müll mögen mollige Monster.

*Piri plaudert pausenlos,
pausenlos plaudert Piri.*

72 – Wörter mit gleichem Anlaut suchen
– „Ganter" im Leselexikon nachschlagen (siehe S. 140/141)

Kinder einer Welt

Kinder, Kinder, wir sind Kinder einer Welt!
Kinder, Kinder, Kinder einer Welt!

Ob du gelb bist oder weiß,
wir sind Kinder einer Welt!
Ob du rot bist oder schwarz,
wir sind Kinder einer Welt!

Ob du arm bist oder reich,
wir sind Kinder einer Welt!
Ob du traurig oder froh,
wir sind Kinder einer Welt!

Ob du nah bist oder fern,
wir sind Kinder einer Welt!
Ob du klein bist oder groß,
wir sind Kinder einer Welt!

Reinhard Feuersträter

– das Gedicht lernen

Opas Geschenk

Es läutet an der Tür.
Tom wundert sich.
Ob das schon Jana, Göran und Paul sind?
Seine Freunde wollen mit Tom Geburtstag feiern.

5 Tom freut sich und öffnet.
Draußen sind Jana, Göran und Paul.
Der Postbote ist auch da.
„Bist du Tom Oppermann?", fragt der Postbote.
„Ja, der bin ich", antwortet Tom.
10 „Das Paket ist für dich", sagt der Postbote.

Tom bekommt das Paket.
„Prima!", denkt Tom. „Das ist Opas Geschenk.
Ob das ein Schwert ist?"

Tom schnappt sich eine Schere
15 und öffnet das Paket.
Darin ist ein Poster.
Tom ruft: „Eine Weltkarte! Super!
Ich muss Opa eine Karte schreiben
und mich bedanken."

„Warum ist alles blau? Ist das der Himmel?",
wundert sich Jana.
„Blödsinn, das ist das Meer", erklärt Paul.
Paul ist acht Jahre alt und weiß schon mehr
als die anderen.
25 Manchmal weiß er auch alles besser.

„Dieses Meer hier heißt Mittelmeer",
liest Jana langsam vor.
Jana kann nämlich schon
sehr gut lesen,
30 viel besser als Paul.

– über unterschiedliche Fähigkeiten und Begabungen sprechen

Prinz Seltsam

Es war einmal ein Königspaar,
das hatte zwei Söhne.
Prinz Luca las seinem Vater
oft etwas vor.
5 Prinz Jona konnte
tolle Elfmeter schießen.
Dann wurde Prinz Noah geboren.

„Er sieht ein bisschen seltsam aus", sagte der König.
„Er ist anders als die anderen", sagte die Königin.
10 „Er ist unser Bruder", sagte Prinz Luca.
„Er ist einfach Prinz Seltsam", sagte Prinz Jona.
Und alle hatten Prinz Seltsam sofort sehr, sehr lieb.
Aber das Volk war etwas verwundert.
Einige Leute flüsterten:
15 „Das ist aber ein seltsamer Prinz."

Prinz Seltsam aber lächelte und freute sich.
Das Laufen und Hüpfen fiel ihm schwer,
aber er brauchte es auch nicht,
denn er wollte gar nicht schnell
20 von einem Ort zum nächsten eilen.
Da, wo er gerade war, gefiel es ihm gut.
Er brauchte selten Wörter und Sätze
und doch verstanden ihn alle.

Silke Schnee

Pippi in Taka-Tuka-Land

Pippi ist das stärkste Mädchen der Welt.
Sie wohnt in Schweden
in der Villa Kunterbunt.

Einmal reiste Pippi mit ihrem Vater Efraim in die Südsee.
5 Am Strand standen alle Taka-Tuka-Bewohner,
um den König und seine Tochter zu begrüßen.
„Ussamkura kussomkara!", wurde gerufen und das bedeutete:
„Willkommen, dicker weißer Häuptling!"

König Efraim erhob die Hand zum Gruß und schrie:
10 „Muoni manana!" Und das hieß: „Hallo, hier bin ich wieder."

Nach ihm kam Pippi. Sie trug das Pferd.
Da ging es wie ein Brausen durch die Menge
der Taka-Tuka-Bewohner.
Dann hob Pippi König Efraim
15 auf ihre eine Schulter
und das Pferd auf ihre andere.

Astrid Lindgren

– das Kinderbuch kennenlernen
– die Geschichte auch als Audio-CD und Film kennenlernen

TIPP

So schreibe ich eine Nachricht

1. Ich überlege, was ich sagen will.

2. Ich schreibe meine Nachricht auf.

3. Ich schreibe meinen Namen darunter.

– ein Anliegen oder eine Meinung äußern (Methodenkompetenz)
– eine Klassenpost einrichten

Wörter schreiben

1 Schwinge und schreibe Piris Wörter auf. Markiere die Könige.

Puppe   pusten   Gemüse

geben   schön   können   Teddy

Pyramide   Fuß   Freund   süß

2 Schreibe alle Wörter mit 2 Silben aus Aufgabe 1 auf. Es sind 5 Wörter.

3 Schreibe die Wörter auf. Kreise y und ß ein.

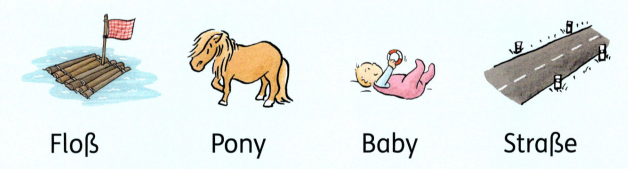

Floß   Pony   Baby   Straße

4 Kennst du noch mehr Wörter mit y und ß? Schreibe und kreise y und ß ein.

– Lernwörter schreiben (schwingen, schreiben und Könige markieren)
– schwierige Stellen in Wörtern markieren

ÜBEN

Leserätsel S. 68/69

O   Sun kommt aus China.
T   Lydia lebt in Afrika.
S   Namibia ist das Königreich der Läuse.
P   In China gibt es Reis.
L   Timmys Opa macht Musik auf einer Gitarre.
A   Chinesen essen Reis nicht mit der Gabel.

❶ Lies die Sätze.

❷ Drei Sätze sind richtig.
Die Buchstaben davor ergeben das Lösungswort. Schreibe es auf.

❸ Schreibe die richtigen Sätze auf.

80 – genau lesen und das Leseverständnis überprüfen

Wir basteln eine Postkarte

Du brauchst:
ein Blatt Tonkarton
Stifte
ein Lineal

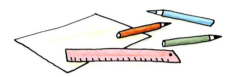

1. Falte den Tonkarton einmal an der langen Seite. Das ist die Mitte.

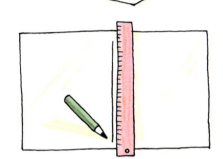

2. Zeichne einen Strich von oben nach unten.

3. Ziehe auf der rechten Seite Linien für Namen und Adresse.

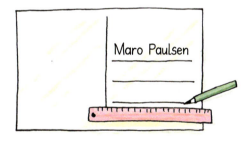

4. Schreibe auf der linken Seite.

5. Male auf die andere Seite ein Bild.

Wem willst du schreiben?

– die Bastelanleitung verstehen und umsetzen
– jemandem eine Postkarte schreiben

Fühlen und beschreiben

82 – themen- und situationsbezogenen Wortschatz anwenden
– die Umwelt erforschen und untersuchen

– zum Piri-Comic erzählen und schreiben

Tiere kennen

Das Wiesel ist ein Raubtier.
Es kann fast so groß werden
wie ein Kater.
Sein Fell ist braun.
Der Bauch ist fast weiß.
Ein Wiesel wird
13 bis 15 Monate alt.
Es lebt am Waldrand.

Im Winter wird sein Fell heller.
So ist das Wiesel im Schnee getarnt.
Nachts macht es Jagd auf kleine Tiere.
Ein Wiesel frisst Mäuse,
Hasen und Vögel.
Es mag auch gerne Beeren.

Sieben liebe Wiesel spielen auf der Wiese.

84 – Tiere und ihre Lebensweisen kennenlernen und präsentieren (siehe S. 101)
– Leserätsel lösen (siehe S. 100)

 -ng

Kennst du dieses Tier?
Es ist lang und dünn.
Manchmal rollt es sich wie ein Ring ein.
Wenn es frisst, kaut es nicht.
Es schlingt seine Beute in einem Rutsch runter.

die Schlange

Es gibt Giftschlangen und Würgeschlangen.
Sie können sich schnell bewegen.
Die Schlangenhaut ist oft schön gemustert.

Würgeschlange

Giftschlange

Giftschlangen haben in ihren Vorderzähnen Gift.
Mit diesem Gift betäuben sie ihre Beute.
Würgeschlangen ersticken und erdrücken ihre Beute.
Manche Schlangen können 10 Meter lang werden.
Schlangen sind nicht glitschig. Ihre Haut ist trocken.
Wenn die Schlange wächst, wird ihre Haut zu eng.
Sie streift die Haut dann ab.

– Tierrätsel lösen
– Schlangenmuster zeichnen

Pf pf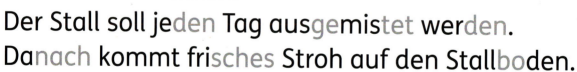

Haustiere

Lotta mag Pferde.
Pferde und Ponys leben
am liebsten auf einer Weide.
Sie sind nicht gern allein.
Damit Pferde gesund bleiben,
brauchen sie Pflege.

Pferde genießen es,
gebürstet zu werden.
Nach jedem Ausritt muss man
die Hufe auskratzen.
Der Stall soll jeden Tag ausgemistet werden.
Danach kommt frisches Stroh auf den Stallboden.

86 – die Verantwortung gegenüber Tieren besprechen

 # H h

Maro möchte lieber einen Hund haben.
Er will mehr über Hunde wissen.
Maro leiht sich in der Bücherei ein Buch aus.

Er liest:
Fast alle Hunde mögen Kinder.
Hunde brauchen genug Auslauf
und gute Pflege.
Man muss den Hund füttern
und sein Fell bürsten.
Ein Hund soll gehorchen lernen.

Auch bei schlechtem Wetter muss man
mit seinem Hund spazieren gehen.
Maro überlegt sich:
Mit einem Hamster müsste ich nicht spazieren gehen.

– über Erfahrungen mit Haustieren sprechen

Z z

Zahngeschichten

Lotta ist aufgeregt.
Sie geht heute zum Zahnarzt.
Der Zahnarzt ist sehr nett.
Er zeigt Lotta alles.

5 Lotta macht den Mund auf.
Der Zahnarzt schaut sich
jeden Zahn genau an.
Er ist zufrieden.
Lotta hat kein Loch
10 und ihr Zahnfleisch ist ganz gesund.
In einem halben Jahr
soll Lotta wiederkommen.
Sie freut sich schon darauf.

88   – von einem Zahnarztbesuch erzählen

Maro wacht auf.
15 Er hat ein seltsames Gefühl im Mund.
Etwas ist anders.
Er hat einen wackligen Schneidezahn.
Schnell rennt er zu seiner Mama.
Sie sagt: „Du musst ganz zart daran drehen,
20 dann fällt er bald heraus."
Papa fragt: „Soll ich einmal
an deinem wackligen Zahn ziehen?"
Maro überlegt.
„Nein", antwortet er.
25 „Zuerst möchte ich etwas essen."
Maro nimmt ein knuspriges Brot
und beißt hinein.
Zack! Da ist der Zahn.

Zicke, zacke, Wackelzahn. Ich wackle und raus ist der Zahn.

– eigene Zahngeschichten erzählen und schreiben

St st ⭐

Fit durch Sport

Heute macht die Schule besonders Spaß.
Es ist Spiel- und Sporttag.
Alle sind dabei.
Es gibt neun Stationen.
Eine Station ist der Spinnengang.
Wer eine Station geschafft hat,
bekommt einen Stempel auf seine Karte.
Am Ende erhalten alle eine Urkunde.

– die Stationen im Bild suchen und beschreiben

Sp sp

Name:
Sprint
Weitsprung
Weitwurf
Staffellauf
Standsprung
Spinnengang
Stiefelweitwurf
Stangenlauf
Sackhüpfen

Sport macht Spaß und ist spannend.

– eigene Stationen für ein Spiel- und Sportfest überlegen

Kalt und warm

Du brauchst drei Schüsseln:
eine Schüssel mit kaltem Wasser,
eine Schüssel mit lauwarmem Wasser,
eine Schüssel mit warmem Wasser

Tauche eine Hand
in die Schüssel mit dem kalten Wasser
und die andere Hand
in die Schüssel mit dem warmen Wasser.
Warte kurz.
Tauche dann beide in die Schüssel
mit dem lauwarmen Wasser.

Was fühlst du?

– die Versuchsanleitung verstehen und umsetzen
– Erfahrungen austauschen

Regen

Wolken sausen,
Winde brausen.
Regen, Regen.
Es prasselt und klopft,
es nieselt und tropft.

Regen

Große Tropfen platschen,
schwere Tropfen klatschen
wütend auf das Regendach.

Mantelkragen hochgeschlagen,
Schirm vor dem Gesicht getragen.
Kalter Wind wird wach.

Fegt daher und peitscht die Tropfen,
dass sie um so wilder klopfen
wütend auf das Regendach.

Alfons Schweiggert

Die Muschel hat das Meer gefangen

Als gestern die Wellen
am schönsten sangen,
da hat die Muschel
das Meer gefangen!

Seid ganz still und lauscht,
wie es in ihr rauscht!

Josephine Hirsch

– das Gedicht vortragen
– eine Klanggeschichte zum Gedicht gestalten

Das leise Gedicht

Wer mäuschenstill am Bache sitzt,
kann hören, wie ein Fischlein flitzt.

Wer mäuschenstill im Grase liegt,
kann hören, wie ein Falter fliegt.

Wer mäuschenstill im Bette lauscht,
kann hören, wie der Regen rauscht.

Wer mäuschenstill im Walde steht,
kann hören, wie ein Rehlein geht.

Wer mäuschenstill ist und nicht stört,
kann hören, was man sonst nicht hört.

Alfred Könner

🐕 Der 99-Zentimeter-Peter

Ich bin Peter.
Heute Morgen hat Mama mich gemessen.
Ich bin jetzt 99 Zentimeter groß.
Das ist schon fast ein Meter,
5 sagt Mama.

Mama ist viel größer als ich.
Ihre Nase ist größer als meine.
Ihre Hände sind größer.
Ihre Beine und Arme sind länger.

10 Groß sein hat eine Menge Vorteile.
Mama kommt zum Beispiel
ohne Stuhl
an die Keksdose
oben auf dem Küchenschrank.
15 Sie kann viel mehr essen als ich.
Außer Vanilleeis.
Davon vertrage ich mehr als sie.

Es hat aber auch viele Vorteile,
klein zu sein.
20 Im Schrank kann ich mir prima
eine zweite Wohnung einrichten.
In meiner Badewanne bin ich Pirat.
Meine Sachen werden zwar schneller dreckig
als die von Mama.
25 Aber dafür passen mehr davon
in die Waschmaschine.
Karussell fahren macht mir viel mehr Spaß.

Ich muss noch eine ganze Weile wachsen,
bis ich groß bin, sagt Mama.
30 Wie groß ich dann wohl bin?

Größer als der riesigste Hund.
Aber kleiner als ein Elefant.
Groß genug, um an jede Keksdose zu kommen.
Groß genug, um auf einem echten Schiff zu fahren.
35 Aber hoffentlich nicht so groß,
dass meine Tiere nicht mehr
in mein Bett passen.

Annette Huber

– Vor- und Nachteile vom Groß- und Kleinsein besprechen

TIPP

So lerne ich ein Gedicht auswendig

Mein Ball

Mein Ball zeigt, was er kann,
hüpft hoch wie ein Mann,
dann hoch wie eine Kuh,
dann hoch wie ein Kalb,
dann hoch wie eine Maus,
dann hoch wie eine Laus,
dann ruht er sich aus.

Josef Guggenmos

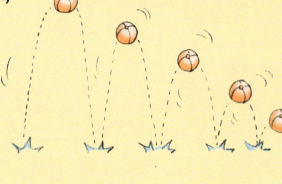

1. Ich lese das Gedicht und schreibe es sauber ab.

2. Ich male passende Bilder zum Gedicht.

3. Ich lese jede Zeile noch einmal laut.

4. Ich sage jede Zeile auswendig auf. Dabei denke ich an die Bilder.

– ein Gedicht auswendig lernen (Methodenkompetenz)

ÜBEN

Wörter schreiben

❶ Schwinge und schreibe Piris Wörter auf. Markiere die Könige.

die Wiese	das Tier	das Pferd
pflegen	der Hund	haben	lang
der Ring	zeigen	sie	der Zahn
stellen	spielen	der Stift	still
der Rock	die Spinne	der Sport

❷ Suche den richtigen Anfangsbuchstaben. Schreibe die Wörter auf.

F Z M   der inger   der ucker
              die ücken   der ase
H P T   das ier   das ony

❸ Suche das Reimwort und schreibe auf. Kreise die Anfangsbuchstaben ein.

Rücken   Mücken   Hahn
Zahn
Hund   Mund
Wiese   Riese

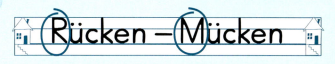

– Lernwörter schreiben (schwingen, schreiben und Könige markieren)
– die Großschreibung von Nomen kennenlernen

99

ÜBEN

Leserätsel S. 84

H Ein Wiesel ist ein Haustier.
P Ein Wiesel ist ein Raubtier.

E Ein Wiesel ist so groß wie eine Maus.
I Ein Wiesel ist so groß wie ein Kater.

R Ein Wiesel wird 13 bis 15 Monate alt.
S Ein Wiesel wird 5 Jahre alt.

A Ein Wiesel lebt am Wasser.
I Ein Wiesel lebt am Waldrand.

❶ Lies die Sätze.

❷ Schreibe die richtigen Sätze auf.
Die Buchstaben ergeben das Lösungswort.

❸ Lies genau. Welche Tiere sind hier versteckt?

Wasserhahn

Muskelkater

Bücherwurm

100   – genau lesen und das Leseverständnis überprüfen
      – Rätsel lösen

Wir gestalten ein Plakat

Mit einem Plakat könnt ihr
anderen zeigen,
was ihr über eine Person,
ein Tier oder eine Sache
herausgefunden habt.

Zuerst müsst ihr entscheiden,
worüber euer Plakat informieren soll.
Informationen findet ihr
in Büchern oder im Internet.

Damit euer Plakat schön aussieht
und neugierig macht,
könnt ihr Bilder malen
oder ausschneiden.

Klebt die Bilder
auf ein großes Blatt
und schreibt etwas dazu.

– ein Plakat gestalten und präsentieren

Geschichten und Märchen

102
– themen- und situationsbezogenen Wortschatz anwenden
– über Märchen und Märchenfiguren sprechen

– zum Piri-Comic erzählen und schreiben

Opa erzählt Märchen

Opa ist da.
Maro und Lukas sind glücklich.
Sie haben sich schon sehr
auf Opas Besuch gefreut.
5 Opa macht es sich
auf dem Sofa gemütlich.
Maro und Lukas finden es toll,
wenn er Geschichten erzählt.
Ihnen gefällt besonders
10 das Märchen von Hänsel und Gretel.
Opa kann sehr spannend erzählen.
Wenn er die Hexe spricht,
ändert er seine Stimme.
Opa fängt an.
15 Er erzählt von der hässlichen Hexe
und dem Hexenhaus.

Hänsel und Gretel

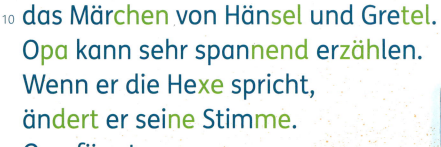

– über Märchen und Märchenfiguren sprechen

Lukas schmiegt sich immer enger an Maro.
Maro boxt ihn in die Seite und sagt:
„Du Angsthase, Hexen gibt es gar nicht."
20 „Wirklich?", fragt Lukas.
Am Ende ist er froh,
dass die Hexe in den Ofen fällt.
Zum Glück sind Hänsel und Gretel gerettet.

Maro mag auch das Märchen von Rotkäppchen.
25 Er schließt die Augen und fängt an, zu träumen.
Dann denkt er, dass Rotkäppchen,
der Jäger und der böse Wolf
wirklich im Zimmer sind.

Es war einmal ein Wiesel, das konnte zaubern ...

– Märchen malen und dazu erzählen

Qu qu

Märchentag

Maro, Lotta, Lale und Otto spielen
ein Märchen-Quartett.
Lukas quengelt.
Er will auch mitspielen.
5 Maro fragt: „Lale, hast du das Tier,
das auf dem Brunnen hockt und quakt?"
„Frag doch lieber Lotta", ruft Lukas.
„Lukas, du Spielverderber!", ruft Otto.
Immer quatscht Lukas dazwischen
10 und verrät alles.

– Spielregeln erklären und einhalten

Vier Kinder wollen sich verkleiden.
Nena hat eine große Kiste
mit vielen alten Kleidern
und Kostümen.
15 Nena möchte sich in eine Hexe
mit einem großen Hut
und einem Besen verwandeln.
Wo ist nur der schwarze Vogel?
Den möchte sie auf ihrer Schulter befestigen.

20 Volkan nimmt sich einen Vampirumhang.
Nenas Freundin Valerie probiert
einen violetten Spitzenrock an.

Valerie dreht sich vor dem Spiegel.
25 Der Rock passt gut.
Ist sie eine Fee oder eine Prinzessin?
„Du bist eine Prinzessin
und ich bin der Froschkönig", quakt Timo.
Valerie sagt: „So ein Quatsch!"

– sich selbst im Kostüm malen und beschreiben

107

C c

Computer

Früher war ein Computer fast so groß
wie ein Zimmer und so schwer
wie fünf kleine Elefanten.
Heute sind Computer viel kleiner.

Mit dem Computer können wir spielen,
lernen und uns im Internet informieren.

Maro sucht im Internet ein Bild von einem Clown.
Er findet einen lustigen Comic.
Manchmal schreibt er eine E-Mail an seinen Opa.

– über Erfahrungen mit dem Computer sprechen
– „Internet" und „E-Mail" im Leselexikon nachschlagen (siehe S. 140/141)

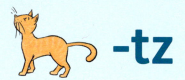

Lotta sitzt am Schreibtisch.
Sie möchte eine Katzengeschichte schreiben.
Das geht am Computer besonders gut,
weil sie jeden Satz verbessern und verändern kann.

Zuerst schaut sie im Internet nach,
wie die Füße von Katzen genannt werden.
Pfoten oder Tatzen?
Der Text ist sehr lang und schwer.
Aber sie findet ein schönes Bild.
Über diese Katze mit dem weißen Fleck
möchte sie schreiben.

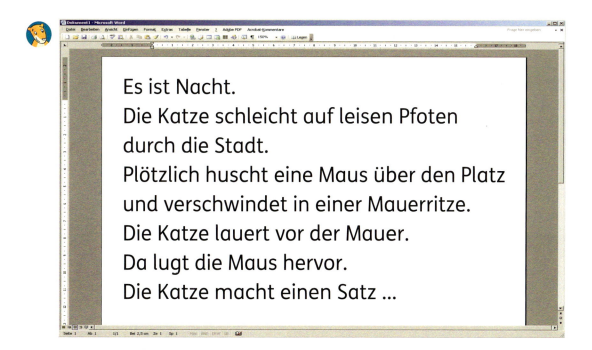

– Geschichten mit dem Computer schreiben

Die Einladung

Max hat bald Geburtstag.
Er möchte eine Märchenparty feiern.
Max schreibt die Einladung mit dem Computer
und druckt sie aus.
Nun unterschreibt er mit einem Glitzerstift
und malt für jeden etwas dazu.
Mit Aufklebern verziert er den Briefumschlag.

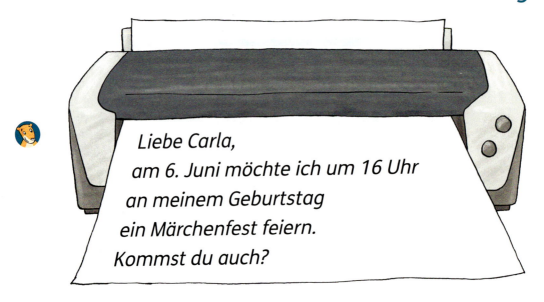

Liebe Carla,
am 6. Juni möchte ich um 16 Uhr
an meinem Geburtstag
ein Märchenfest feiern.
Kommst du auch?

– eine Einladung schreiben und gestalten

Die Glücksfee

Es gibt auf der ganzen Welt
viele Glücksfeen.
Pistazia war die Allerbeste.
Sie wohnte mit anderen Feen
5 in einer Kirche.

Tusnelda war die Chefin,
weil sie die Dickste war.
So ist das bei den Feen:
Die Dickste hat zu bestimmen.

10 „Pistazia", sagte Tusnelda, „es gibt Arbeit für dich."
Auf der Leinwand erschien das Bild eines Jungen.
„Das ist Lukas Besenbein", erklärte Tusnelda.
„Sechs Jahre alt. Hat ständig schlechte Laune.
Der Junge versteht nicht das Geringste
15 vom Glücklichsein. Schlimmer Fall", sagte Tusnelda.
„Braucht dringend ein paar Nachhilfestunden.
Hier ist seine Adresse."

„Bin schon weg!", rief Pistazia
und flog los.

Cornelia Funke

– das Kinderbuch kennenlernen
– Leserätsel lösen (siehe S. 119)

111

Anton kann zaubern

Da kommt Anton.
Anton hat einen Zauberhut.
Einen echten.
Jetzt will Anton zaubern.
5 Er will etwas wegzaubern.

Den Baum.
Anton guckt den Baum an.
Dann zaubert Anton.
Komisch, der Baum ist noch da.
10 Vielleicht ist der Baum zu groß.

Da ist ein Vogel. Der ist kleiner.
Anton zaubert.
Der Vogel ist weg!
Anton kann zaubern.

15 Da kommt Lukas.
„Ich kann zaubern", ruft Anton.
„Kannst du nicht", sagt Lukas.
„Kann ich doch", sagt Anton.
„Kannst du nicht", sagt Lukas.
20 „Ich zauber dich weg!", sagt Anton.
Anton zaubert.

– Leserätsel lösen (siehe S. 119)

Lukas ist weg.
Anton hat Lukas weggezaubert.
Aber Lukas soll nicht weg sein.

25 Anton will Lukas wieder herzaubern
Aber das ist nicht Lukas.
Oder doch?
„Bist du das, Lukas?"
Lukas soll nicht wegfliegen.

30 Da kommen die Mädchen.
Und Lukas.
Gretas Vogel ist weg.
Nina hilft suchen. Lukas auch.
„Ich zauber den Vogel wieder her",
35 sagt Anton.
„Ha, ha", sagt Lukas.

Dann zaubert Anton.
Der Vogel ist wieder da.

Anton kann zaubern.

Ole Könnecke

– Zaubersprüche erfinden

🐕 Peter und der Wolf

Eines Tages öffnete Peter die Gartentür.

Auf einem Baum saß sein Freund, der Vogel.
Unten im Teich schwamm eine Ente.
Der Vogel und die Ente stritten sich.

5 „Was bist du für ein Vogel,
wenn du nicht fliegen kannst",
rief der Vogel.

„Was bist du für ein Vogel,
wenn du nicht schwimmen kannst", quakte die Ente.

10 Die Katze kam.
Sie schlich um den Baum herum
und wollte den Vogel fangen.

Großvater schimpfte mit Peter:
„Du hast das Tor offen gelassen.
15 Wenn nun der Wolf aus dem Wald kommt."

Aber da war es schon zu spät.
Der große graue Wolf
war aus dem Wald gekommen.

„Passt auf!", rief Peter.

– den Text mit verteilten Rollen lesen
– die Geschichte szenisch spielen

20 Die Katze kletterte auf den Baum.
Der Vogel flog in die Luft.

Die Ente sprang vor Angst aus dem Wasser
und da packte sie der Wolf und schlang sie hinunter.

Schnell holte Peter ein Seil,
25 machte eine Schlinge und fing den Wolf.
Der Vogel half ihm dabei.

Die Jäger kamen aus dem Wald.
„Nicht schießen!", rief Peter.
„Wir haben den Wolf schon gefangen."

30 Dann brachten sie den Wolf in den Zoo.

nach dem musikalischen Märchen
von Sergei Prokofjew

TIPP

So übe ich das ABC

Das ABC hat 26 Buchstaben:

A B C D E F G
H I J K L M N O P
Q R S T U V W
X Y Z

1. Ich schreibe das ABC untereinander.

2. Ich suche zum ersten Buchstaben ein Wort in der Wörterliste und schreibe es auf.

3. Ich prüfe, ob ich das Wort richtig geschrieben habe.

4. Ich schreibe jetzt ein Wort zum nächsten Buchstaben.

– das ABC kennenlernen (Methodenkompetenz)

ÜBEN

Wörter schreiben

1 Schwinge und schreibe Piris Wörter auf. Markiere die Könige.

das Mädchen   zählen   die Hexe

das Quadrat   quaken   der Platz

der Vogel   der Vater   versuchen

der Computer   sitzen   der Cent

die Katze   das Märchen   vier

2 Bei manchen Wörtern musst du aufpassen, damit du sie richtig schreibst. Schreibe die Wörter auf.

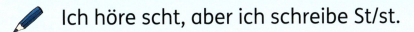

Ich höre scht, aber ich schreibe St/st.

Ich höre schp, aber ich schreibe Sp/sp.

Ich höre kw, aber ich schreibe Qu/qu.

Stift, Spinne, Qualle

3 Suche zu diesen Buchstaben je ein Wort in der Wörterliste. **B K M S U**
Schreibe es auf. Prüfe, ob du es richtig geschrieben hast.

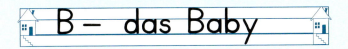

B – das Baby

– Lernwörter schreiben (schwingen, schreiben und Könige markieren)
– Wörter in der Wörterliste suchen (siehe S. 138/139)

117

ÜBEN

Kurze Sätze – lange Sätze

Das ist ein Buchstabe.   L

Das ist eine Silbe.   Lot

Das ist ein Wort.   Lotta

Das ist ein Satz.   Lotta lacht.

Am Satzanfang schreibst du immer groß. Am Satzende setzt du einen Punkt.

So ein Quatsch

Die Katze	schwimmt	über die Wiese.
Der Fisch	fliegt	am Ufer entlang.
Die Ente	klettert	im Teich.
Der Vogel	watschelt	auf den Baum.

❶ Bilde sinnvolle Sätze. Schreibe sie auf.

Die Ente watschelt am Ufer entlang.

❷ Kreise den großen Buchstaben am Satzanfang und den Punkt am Satzende ein.

(D)ie Ente watschelt am Ufer entlang(.)

118 – die Begriffe Buchstabe, Silbe, Wort, Satz kennen
– Sätze bilden

ÜBEN

Leserätsel

Tusnelda ◁ S. 111

❶ 👓 Wer ist Tusnelda? Woran erkennst du sie?
Suche die passende Stelle im Text.

Anton kann zaubern ◁ S. 112/113

MUT	Anton hat einen Zauberstab.
ZAU	Anton hat einen Zauberhut.
BER	Vielleicht ist der Baum zu groß.
LEI	Vielleicht ist der Baum zu dick.
REN	Ninas Vogel ist weg.
HUT	Gretas Vogel ist weg.

❷ 👓 Lies die Sätze.

❸ ✎ Schreibe die richtigen Sätze auf.
Die Silben davor ergeben das Lösungswort.

– genau lesen und das Leseverständnis überprüfen

Das Jahr

– themen- und situationsbezogenen Wortschatz anwenden
– über Jahreszeiten und ihren Einfluss auf Menschen und Natur sprechen

– zum Piri-Comic erzählen und schreiben
– zu den Jahreszeiten angemessene Kleidung nennen

121

Hallo, hallo, schön, dass du da bist

Text und Melodie: Andreas Hantke

Hal - lo, hal - lo, schön, dass du da bist! Hal - lo, hal - lo, schön, dass du da bist! Die Ha-cken und die Spit - zen, die kön - nen nicht mehr sit - zen. Die Fer - sen und die Ze - hen, die wol-len wei-ter - ge - hen.

122 – das Lied mit passenden Bewegungen singen

Meine Schultüte

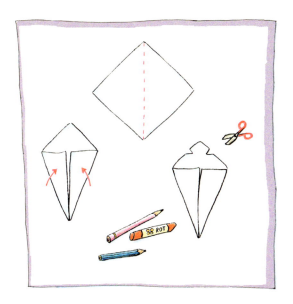

Du kannst auch einen Drachen falten.

– Schultüten gestalten
– ein gemeinsames Schultütenbuch erstellen

Lotta hat Geburtstag

Melodie nach einem Österreichischen Volkslied
Text nach Paula Dehmel

1. Kräht der Hahn früh am Ta-ge, krä-het laut, krä-het weit: Gu-ten

Mor-gen, lie-be Lot-ta, dein Ge-burts-tag ist heut.

2. Guckt das Eichhörnchen runter,
wenig Zeit, wenig Zeit!
Guten Morgen, liebe Lotta,
dein Geburtstag ist heut.

3. Kommt das Häschen gesprungen,
machet Männchen vor Freud:
Guten Morgen, liebe Lotta,
dein Geburtstag ist heut.

4. Steht der Kuchen auf dem Tische,
macht sich dick, macht sich breit:
Guten Morgen, liebe Lotta,
dein Geburtstag ist heut.

5. Und der Vater und die Mutter,
alle Kinder, alle Leut
rufen: Hoch, liebe Lotta,
dein Geburtstag ist heut.

– Geburtstagswünsche in verschiedenen Sprachen sammeln
– über Geburtstagsrituale sprechen

Es gibt so Tage

… da wacht man auf,
hört Musik
und fängt an zu tanzen.
Jeder, der dich sieht,
denkt, du bist verrückt.

… da mag man
überhaupt nicht aufwachen.

… da wacht man auf,
die Sonne scheint
und das Leben ist einfach wunderbar.
Die Welt lächelt dich an.

… da wacht man auf,
aber man lässt die Augen zu,
weil der Kopf noch
voll Traum ist.

… da wacht man auf
und kriegt alles,
was man sich schon ganz lange
gewünscht hat –
das ist dein Geburtstag.

Margret Lochner-Barthel

– über Gefühle und Stimmungen sprechen
– Bilder zu Gefühlen malen

Der Herbst

Der Herbst, der geht durch Wald und Flur
mit Stiefeln, Schal und Mütze.
Sieht in der Luft die Vögel nur
und tritt in jede Pfütze.

Janosch

126 – zu dem Gedicht malen
– Gegenstände genau beschreiben

Alle waren im Wald.
Sie haben viel gesammelt.
Nun machen sie eine Ausstellung.

– eigene Sammlungen anlegen und vorstellen

Der Bart ist ab

Eine klitzekleine Laus
sitzt im Bart vom Nikolaus.

Sie zwickt ihn da
und zwackt ihn dort,
will er sie packen,
hüpft sie fort.

Da schimpft der alte Nikolaus
auf diese freche kleine Laus.

Er geht ins Bad
macht schnipp und schnapp!
Die Laus erschrickt,
der Bart ist ab.

Manfred Mai

– das Gedicht vortragen
– Figuren basteln

Weihnachten

Christkind ist da,
sangen die Engel im Kreise
über der Krippe
immerzu.
Der Esel sagte leise:
I-a
und der Ochs sein Muh.

Der Herr der Welten
ließ alles gelten.
Es dürfen auch nahen
ich und du.

Josef Guggenmos

– die Weihnachtsgeschichte szenisch darstellen

Der Schneesturm

Alles ist tief verschneit.
Manuel und Didi gehen
ein Stück ins Gebirge hinauf.
Sie wollen Brennholz holen.

Die Mäuse werden
von einem Schneesturm
überrascht.
Zum Glück finden sie eine Hütte,
in der sie Schutz suchen können.

Der Wind bläst immer stärker!
Die kleine Hütte
wackelt bedenklich!

– die Geschichte spielen

Und dann passiert es!
Der Sturm packt die Hütte
mitsamt den Mäusen
und reißt sie mit sich fort.

Die Holzhütte wird genau gegen
das Mäusehaus getragen.
Krachend prallt sie
an die Hauswand.

Manuel und Didi
ist nichts geschehen.
„Siehst du, Didi", sagt Manuel.
„Jetzt haben wir sogar Brennholz
für den Rest des Winters!"

Erwin Moser

– eine Wintergeschichte malen und schreiben

Die Tulpe

Dunkel
war alles und Nacht.
In der Erde tief
die Zwiebel schlief,
die braune.

Was ist das für ein Gemunkel,
was ist das für ein Geraune,
dachte die Zwiebel,
plötzlich erwacht.
Was singen die Vögel da droben
und jauchzen und toben?

Von Neugier gepackt,
hat die Zwiebel einen langen Hals gemacht
und um sich geblickt
mit einem hübschen Tulpengesicht.

Da hat ihr der Frühling entgegengelacht.

Josef Guggenmos

Kresse im Karton

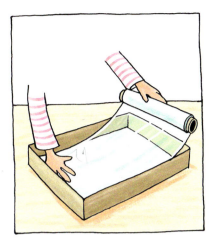

Bald kannst du Kresse ernten.
Setze einen Hasen ins Beet
oder lege ein paar Eier hinein.

Das ist eine hübsche Osterdekoration.

Für ein Osterfrühstück brauchst du:
Vollkornbrot
1 Schälchen Quark
gekochte Eier in Scheiben
Butter
etwas Salz
Kresse

– die Anleitung verstehen und umsetzen
– ein gemeinsames Osterfrühstück planen

Maus und Elefant im Schwimmbad

Es ist Mai.
Heute macht das Freibad auf.
Die Maus und ihr Freund, der Elefant,
gehen zum Baden.
5 Der Elefant zieht sich um und ist schon im Wasser.
Aber die Maus kann ihre Badehose nicht finden.
Sie läuft aufgeregt am Beckenrand entlang
und ruft dem Elefanten zu:
„Komm doch bitte noch einmal heraus, Elefant!"

10 Der Elefant steigt mühsam aus dem Becken.
„Was ist denn los?", fragt er seine Freundin.

Die Maus blickt ihn von oben bis unten an
und sagt:
„Ach nichts! Ich kann nur meine
15 Badehose nicht finden
und wollte nachschauen,
ob du sie vielleicht aus
Versehen angezogen hast."

134 – den Witz mit eigenen Worten erzählen
– den Witz szenisch darstellen

Sommer

Gustav Klimt, Mohnwiese (1907)

Manchmal, wenn ich im Garten liege
und langsam ziehen die Wolken dahin,
fühle ich deutlich, wie ich fliege.
Ich glaube, dass ich ein Vogel bin.

Frantz Wittkamp

– Sommerbilder malen

Ein Schiff falten

Nimm ein Rechteck.

Falte einen Hut.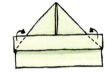

Lege die Spitzen übereinander zum Quadrat.

Biege die Spitzen nach oben.

Lege die Spitzen wieder übereinander zum Quadrat.

Ziehe oben die losen Spitzen auseinander.

Nun kann dein Schiff schwimmen.

Schifflein auf dem Bach

Ein hübsches Schifflein bauten wir,
ein schneeweißes Schifflein aus Papier.

Ist es auch klein,
so schwimmt es doch.
Es schwimmt auf dem Bach,
fährt immer noch.

Und kommt es nicht weit:
Ein kleines Stück
erlebte es
das Seefahrerglück.

Josef Guggenmos

Wörterliste

A a
aber
alle
die Ampel
das Auto, die Autos

B b
das Baby, die Babys
der Ball, die Bälle
bringen, er bringt
das Buch, die Bücher
bunt

C c
der Cent, die Cents
der Computer, die Computer

D d
die Dose, die Dosen
dunkel

E e
der Eimer, die Eimer
ein, eine
die Erde

F f
fein
der Freund, die Freunde
der Fuß, die Füße

G g
geben, er gibt
das Gemüse
groß

H h
haben, sie hat
die Hexe, die Hexen
der Hund, die Hunde

I i
ich
der Igel, die Igel

J j
das Jahr, die Jahre
jeder, jede

K k
die Katze, die Katzen
die Klasse, die Klassen
kommen, sie kommt
der König, die Könige
können, er kann

L l
das Lama, die Lamas
lang
laufen, sie läuft
lesen, er liest

M m
machen, sie macht
das Mädchen, die Mädchen
das Märchen, die Märchen
müssen, er muss

N n
der Name, die Namen
nicht

138

O o

    oft
die Oma, die Omas

P p

das Pferd, die Pferde
    pflegen, sie pflegt
der Platz, die Plätze
die Puppe, die Puppen
    pusten, er pustet
die Pyramide, die Pyramiden

Qu qu

das Quadrat, die Quadrate
    quaken, sie quakt
die Qualle, die Quallen

R r

der Ring, die Ringe
der Rock, die Röcke
    rufen, er ruft

S s

die Schlange, die Schlangen
    schön
    schreiben, sie schreibt
die Schule, die Schulen
    sie
    sitzen, sie sitzt
    spielen, er spielt
die Spinne, die Spinnen
der Sport
    stellen, sie stellt
der Stift, die Stifte
    still
    suchen, er sucht
    süß

T t

der Tag, die Tage
der Teddy, die Teddys
das Tier, die Tiere
    träumen, sie träumt

U u

    üben, er übt
die Uhr, die Uhren
    und
    unter

V v

der Vater, die Väter
    versuchen, sie versucht
    viel
    vier
der Vogel, die Vögel
    von

W w

die Wiese, die Wiesen
    wollen, er will
das Wort, die Wörter
    wünschen, sie wünscht

X x

das Xylofon, die Xylofone

Y y

das Yoga

Z z

    zählen, er zählt
der Zahn, die Zähne
    zeigen, sie zeigt
der Zucker

Leselexikon

die E-Mail
Eine E-Mail ist ein elektronischer Brief.
Du schickst ihn über das Internet
von einem Computer zum anderen
und wirfst ihn nicht in den Briefkasten.

der Eukalyptusbaum
Der Eukalyptusbaum wächst in Australien.
Eukalyptus-Bonbons sind gut
gegen Husten.

der Ganter
Die männliche Gans wird Ganter
oder Gänserich genannt.

das Internet
Im Internet sind viele Computer auf der ganzen Welt
wie in einem Netz verbunden.
So können die Menschen miteinander telefonieren
und E-Mails schreiben. Im World Wide Web (www),
dem „weltweiten Netz", kannst du auch
nach Texten, Bildern und Musik suchen.
Das nennt man surfen.

der Salbei
Salbei ist eine Pflanze.
Du kannst ihn beim Kochen verwenden.
Es gibt auch Salbei-Tee.
Salbei-Bonbons helfen bei Halsschmerzen.

das Ufo
Ufo ist die Abkürzung für „Unbekannte Flug-Objekte".
Objekt ist ein anderes Wort für Ding.
Früher glaubten einige Menschen,
mit den Ufos kämen Wesen von anderen Planeten,
aber ein echtes Ufo hat noch keiner gesehen.

das Xylofon
Das Xylofon ist ein Musikinstrument.
Es hat verschieden lange Holzstäbe,
die alle anders klingen.
Sie werden mit Schlägeln angeschlagen.
Deshalb gehört das Xylofon zu den Schlaginstrumenten.

das Yak
Das Yak lebt im Himalaya
in den höchsten Bergen der Welt.
Es wird bis zu 3 Meter lang.
Es hat ein zotteliges Fell und kräftige Hörner.

das Yoga
Yoga hilft dir, ruhig zu atmen,
dich zu konzentrieren und zu entspannen.
Yoga-Übungen heißen oft wie Tiere oder Pflanzen,
zum Beispiel: Hund.

Verfasser- und Quellenverzeichnis

S. 19: Bydlinski, Georg: Guten Tag. Aus: Wasserhahn und Wasserhenne, Gedichte und Sprachspielereien. Dachs Verlag, Wien 2002. **S. 20/21:** McKee, David: Elmar (Auszug). Aus: Elmar. Aus dem Englischen von Hans Georg Lenzen, Thienemann Verlag, Stuttgart/Wien 2009. **S. 36:** Unsinn. Nach: Stephanie Kollatz-Block, Königswinter **S. 38:** Guggenmos, Josef: Ein Hase, der gern Bücher las. Aus: Ursula Dönges-Sandler u. a.: Das Buchstaben-Bilderbuch. Bertelsmann Verlag, München 1991. **S. 40/41:** Baltscheit, Martin: Der Löwe, der nicht schreiben konnte (Auszug). Aus: Die Geschichte vom Löwen, der nicht schreiben konnte. Beltz & Gelberg in der Verlagsgruppe Beltz, Weinheim/Basel 2008. **S. 57:** von Keyserling, Sylvia: Stinktier-Gedicht. Aus: Mücki und Max 7/8 1996. Universum Verlagsanstalt GmbH KG, Wiesbaden. **S. 73:** Feuersträter, Reinhard: Kinder einer Welt. Aus: Gottes-Kinder-Lieder, © Kontakte Musikverlag, Ute Horn, 59557 Lippstadt. **S. 76:** Schnee, Silke: Prinz Seltsam (Auszug). Aus: Die Geschichte von Prinz Seltsam. Neufeld Verlag, Schwarzenfeld 2011. **S. 77:** Lindgren, Astrid: Pippi in Taka-Tuka-Land (Auszug). Aus: Pippi in Taka-Tuka-Land. Deutsch von Cäcilie Heinig. Friedrich Oetinger Verlag, Hamburg 2009. **S. 93:** Schweiggert, Alfons: Regen. Aus: Kindergedichte rund ums Jahr. Falken Verlag, Niedernhausen 1989. **S. 94:** Hirsch, Josephine: Die Muschel hat das Meer gefangen. Aus: Das Knusperhaus. Herder Verlag, Wien 1988. **S. 95:** Könner, Alfred: Das leise Gedicht. Aus: Christa Holtei: ABC-Suppe und Wortsalat. Patmos Verlag/Sauerländer Verlag, Düsseldorf 2006. **S. 96/97:** Huber, Annette: Der 99-Zentimeter-Peter (Auszug). Aus: Der 99-Zentimeter-Peter, Bajazzo Verlag, Zürich 2006. **S. 98:** Guggenmos, Josef: Mein Ball. Aus: Ich will dir was verraten. Beltz & Gelberg in der Verlagsgruppe Beltz, Weinheim/Basel 1992. **S. 111:** Funke, Cornelia: Die Glücksfee (Auszug). Aus: Die Glücksfee. Fischer Verlag, Frankfurt/M. 2006. **S. 112/113:** Könnecke, Ole: Anton kann zaubern. Aus: Anton kann zaubern. Carl Hanser Verlag, München 2006. **S. 114/115:** Voigt, Erna: Peter und der Wolf. Nach dem musikalischen Märchen von Sergei Prokofjew. Annette Betz Verlag, Wien 1982, © Musikverlag Hans Sikorski, Hamburg. **S. 122:** Hallo, hallo, schön, dass du da bist. Text und Melodie: Andreas Hantke, © Claudius Verlag, München. **S. 124:** Lotta hat Geburtstag. Nach Paula Dehmel: Kräht der Hahn früh am Morgen (zur Melodie: Kommt ein Vogel geflogen). Aus: So viele Tage hat das Jahr, Bertelsmann Verlag, München 1971. **S. 125:** Lochner-Barthel, Margret: Es gibt so Tage. Aus: Es gibt so Tage. Verlag an der Este, Buxtehude 1989. **S. 126:** Janosch: Der Herbst. Aus: Die Maus hat rote Strümpfe an. Beltz & Gelberg in der Verlagsgruppe Beltz, Weinheim/Basel 1978. **S. 128:** Mai, Manfred: Der Bart ist ab. Aus: Kunterbunte 1, 2, 3 Minutengeschichten. Ravensburger Buchverlag, Ravensburg 2006. **S. 129:** Guggenmos, Josef: Weihnachten. Aus: Und mittendrin der freche Hans – Gedichte für Grundschulkinder. Cornelsen Verlag, Berlin 1993. **S. 130/131:** Moser, Erwin: Der Schneesturm. Aus: Manuel und Didi – Das große Buch der kleinen Mäuseabenteuer. Beltz & Gelberg in der Verlagsgruppe Beltz, Weinheim/Basel 1994. **S. 132:** Guggenmos, Josef: Die Tulpe. Aus: Was denkt die Maus am Donnerstag? Beltz & Gelberg in der Verlagsgruppe Beltz, Weinheim/Basel 2010. **S. 134:** Kloos, Camilla: Maus und Elefant im Schwimmbad. Originaltext. **S. 135:** Wittkamp, Frantz: Manchmal, wenn ich im Garten liege. Aus: Ich glaube, dass du ein Vogel bist. Beltz & Gelberg in der Verlagsgruppe Beltz, Weinheim/Basel 1987. **S. 137:** Guggenmos, Josef: Schifflein auf dem Bach. Aus: Hans-Joachim Gelberg (Hrsg.): Überall und neben dir. Beltz & Gelberg in der Verlagsgruppe Beltz, Weinheim/Basel 1994.

Sollte es in einem Einzelfall nicht gelungen sein, den korrekten Rechteinhaber ausfindig zu machen, so werden berechtigte Ansprüche selbstverständlich im Rahmen der üblichen Regelungen abgegolten.

Bildquellennachweis

20.1 Thienemann Verlag GmbH, Stuttgart; **21.1** Thienemann Verlag GmbH, Stuttgart; **21.2** Thienemann Verlag GmbH, Stuttgart; **21.3** Cover: David McKee, Elmar © Thienemann Verlag (Thienemann Verlag GmbH), Stuttgart – Wien; **22.1** (Elina Rupp); **22.2** Klett-Archiv (Elina Rupp), Stuttgart; **22.3** Klett-Archiv (Elina Rupp), Stuttgart; **22.4** Klett-Archiv (Elina Rupp), Stuttgart; **22.5** Klett-Archiv (Elina Rupp), Stuttgart; **22.6** Klett-Archiv (Elina Rupp), Stuttgart; **31.1** Max Kruse, Urmel aus dem Eis, mit Illustrationen von Erich Hölle © 1995 by Thienemann Verlag (Thienemann Verlag GmbH), Stuttgart – Wien.; **31.2** ddp images GmbH, Hamburg; **40.1** Martin Baltscheit, Die Geschichte vom Löwen, der nicht schreiben konnte © 2008 Beltz & Gelberg in der Verlagsgruppe Beltz, Weinheim/Basel; **40.2** Martin Baltscheit, Die Geschichte vom Löwen, der nicht schreiben konnte © 2008 Beltz & Gelberg in der Verlagsgruppe Beltz, Weinheim/Basel; **41.1** Martin Baltscheit, Die Geschichte vom Löwen, der nicht schreiben konnte © 2008 Beltz & Gelberg in der Verlagsgruppe Beltz, Weinheim/Basel; **41.2** Martin Baltscheit, Die Geschichte vom Löwen, der nicht schreiben konnte © 2008 Beltz & Gelberg in der Verlagsgruppe Beltz, Weinheim/Basel; **41.3** Martin Baltscheit, Die Geschichte vom Löwen, der nicht schreiben konnte © 2008 Beltz & Gelberg in der Verlagsgruppe Beltz, Weinheim/Basel; **52.1** Corbis (Bettmann), Düsseldorf; **52.2** Süddeutsche Zeitung Photo (Röhnert), München; **53.1** Picture-Alliance (dpa), Frankfurt; **53.2** ESA, Darmstadt; **66.1** Fotolia.com (Rostislav Glinsky), New York; **66.2** Fotolia.com (raven), New York; **66.3** Fotolia.com (Denis Bacharew), New York; **68.1** Ullstein Bild GmbH (gerhard), Berlin; **68.2** Mauritius Images (Botanica), Mittenwald; **69.1** Mauritius Images (SuperStock), Mittenwald; **69.2** Corbis (Paul A. Souders), Düsseldorf; **76.1** Cover: Silke Schnee, Die Geschichte von Prinz Seltsam. Illustriert von Heike Sistig © 2011, Neufeld Verlag, Schwarzenfeld; **76.2** Cover: Silke Schnee, Die Geschichte von Prinz Seltsam. Illustriert von Heike Sistig © 2011, Neufeld Verlag, Schwarzenfeld; **76.3** Cover: Silke Schnee, Die Geschichte von Prinz Seltsam. Illustriert von Heike Sistig © 2011, Neufeld Verlag, Schwarzenfeld; **77.1** Cover: Astrid Lindgren: Pippi in Taka-Tuka-Land. Deutsch von Cäcilie Heinig. Illustriert von Katrin Engelking, Friedrich Oetinger Verlag, Hamburg 2009; **77.2** Cover: Astrid Lindgren: Pippi in Taka-Tuka-Land. Audio-CD, Friedrich Oetinger Verlag, Hamburg 2006; **77.3** Nach den Geschichten von Astrid Lindgren © 2012 Studio 100 Media GmbH; **84.1** Okapia (Derek Middleton/FLPA), Frankfurt; **85.1** Fotosearch Stock Photography (Digital Vision), Waukesha, WI; **85.2** shutterstock (Maria Dryfhout), New York, NY; **86.1** Corbis, Düsseldorf; **86.2** Caro Fotoagentur, Berlin; **86.3** Caro Fotoagentur, Berlin; **96.1** Annette Huber/Manuela Olten, Der 99-Zentimeter-Peter © 2006 Beltz & Gelberg in der Verlagsgruppe Beltz, Weinheim/Basel; **97.1** Annette Huber/Manuela Olten, Der 99-Zentimeter-Peter © 2006 Beltz & Gelberg in der Verlagsgruppe Beltz, Weinheim/Basel; **111.1** Illustration von Sybille Hein, aus: Cornelia Funke, Die Glücksfee, © S. Fischer Verlag GmbH, Frankfurt am Main 2003; **111.2** Cornelia Funke, Die Glücksfee, Illustrationen von Sybille Hein, © S. Fischer Verlag GmbH, Frankfurt am Main 2003; **123.1** Klett-Archiv (C. Donth-Schäffer), Stuttgart; **123.2** Klett-Archiv (Sophie), Stuttgart; **123.3** Klett-Archiv (Sophie), Stuttgart; **123.4** Klett-Archiv (Jolina), Stuttgart; **123.5** Klett-Archiv (Nena), Stuttgart; **128.1** Klett-Archiv (Banse/Fricke-Cassuhn, Motivvorlage von C. Donth-Schäffer), Stuttgart; **128.2** Klett-Archiv (Banse/Fricke-Cassuhn, Motivvorlage von C. Donth-Schäffer), Stuttgart; **129.1** Klett-Archiv (Banse/Fricke-Cassuhn, Motivvorlage von C. Donth-Schäffer), Stuttgart; **129.2** Klett-Archiv (Banse/Fricke-Cassuhn, Motivvorlage von C. Donth-Schäffer), Stuttgart; **130.1–130.4** aus: Erwin Moser, Manuel & Didi, Die Schneekatze, © 1992 Beltz & Gelberg in der Verlagsgruppe Beltz, Weinheim & Basel; **131.1–131.4** aus: Erwin Moser, Manuel & Didi, Die Schneekatze, © 1992 Beltz & Gelberg in der Verlagsgruppe Beltz, Weinheim & Basel; **135.1** Ullstein Bild GmbH (Imagno), Berlin; **140.2** Fotolia.com (Stylekurve), New York; **140.3** www.pixelio.de (Jerzy), München; **140.4** www.blinde.kuh.de; **141.1** Fotolia.com (Seren Digital), New York.

Sollte es in einem Einzelfall nicht gelungen sein, den korrekten Rechteinhaber ausfindig zu machen, so werden berechtigte Ansprüche selbstverständlich im Rahmen der üblichen Regelungen abgegolten.

1. Auflage   1 ⁵ ⁴ ³ ² ¹ | 17 15 14 14 13

Alle Drucke dieser Auflage sind unverändert und können im Unterricht nebeneinander verwendet werden.
Die letzte Zahl bezeichnet das Jahr des Druckes.
Das Werk und seine Teile sind urheberrechtlich geschützt. Jede Nutzung in anderen als den gesetzlich
zugelassenen Fällen bedarf der vorherigen schriftlichen Einwilligung des Verlages. Hinweis § 52 a UrhG:
Weder das Werk noch seine Teile dürfen ohne eine solche Einwilligung eingescannt und in ein Netzwerk
eingestellt werden. Dies gilt auch für Intranets von Schulen und sonstigen Bildungseinrichtungen.
Fotomechanische oder andere Wiedergabeverfahren nur mit Genehmigung des Verlages.
Auf verschiedenen Seiten dieses Buches befinden sich Verweise (Links) auf Internet-Adressen. Haftungs-
hinweis: Trotz sorgfältiger inhaltlicher Kontrolle wird die Haftung für die Inhalte der externen Seiten aus-
geschlossen. Für den Inhalt dieser externen Seiten sind ausschließlich die Betreiber verantwortlich. Sollten
Sie daher auf kostenpflichtige, illegale oder anstößige Inhalte treffen, so bedauern wir dies ausdrücklich
und bitten Sie, uns umgehend per E-Mail davon in Kenntnis zu setzen, damit beim Nachdruck der Verweis
gelöscht wird.

© Ernst Klett Verlag GmbH, Stuttgart 2013. Alle Rechte vorbehalten. www.klett.de

Autoren der Neubearbeitung: Cornelia Donth-Schäffer, Hannover; Gisela Hundertmark, Einbeck;
Andreas Landwehr, Osnabrück
Autoren der Basisausgaben: Yvonne Häusler, Renate Höhn, Stephanie Kollatz-Block, Prof. Dr. Cordula Löffler,
Camilla Schneider, Sybille Werner
Beratung: Bettina Ackermann, Kreiensen; Brigitta Doering, Stadthagen; Mona Hobelmann, Melle;
Melanie Rabe, Bramsche; Katja Walkenhorst, Belm; Juliane Wilke, Ahlerstedt

Redaktion: Salomé Dick, Berlin
Herstellung: Sabine Banse

Layoutkonzeption: Sabrina Grimm, München
Illustrationen: Anke Fröhlich, Leipzig; Susanne Göhlich, Leipzig;
Iris Hauptmann-Wewer, Taunusstein; Roman Lang, Stuttgart;
Anke Rauschenbach, Leipzig; Sandra Schmidt, Berlin
Umschlaggestaltung: Ernst Klett Verlag
Umschlagillustration: Anke Fröhlich, Leipzig
Druck: Offizin Andersen Nexö Leipzig GmbH, Zwenkau

Printed in Germany
ISBN 978-3-12-300540-4

Piri Schreibtabelle

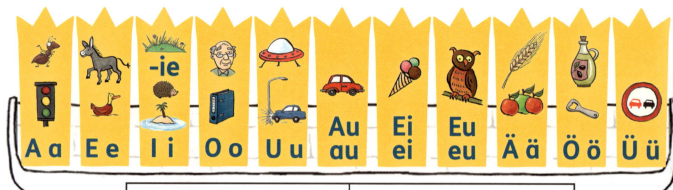

| Aa | Ee | Ii | Oo | Uu | Au au | Ei ei | Eu eu | Ää | Öö | Üü |

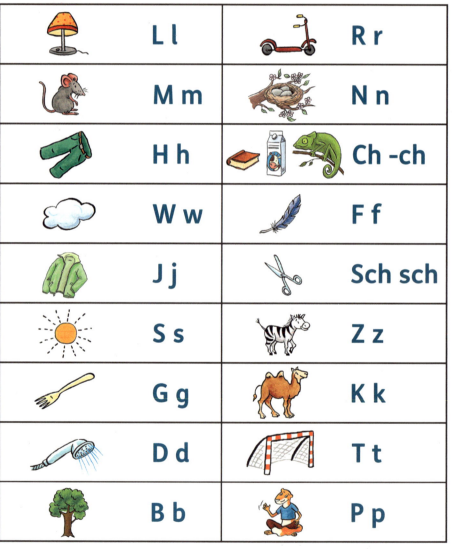

	L l		R r
	M m		N n
	H h		Ch -ch
	W w		F f
	J j		Sch sch
	S s		Z z
	G g		K k
	D d		T t
	B b		P p

Sp sp   St st   -tz   -ck   -ß   -ng

V v   X x   Y y   Qu qu   Pf pf   C c